L^{27}_n 14040.

NOTICE

SUR

L'ABBÉ MERMET,

PROFESSEUR ÉMÉRITE DE L'UNIVERSITÉ, ET MEMBRE DE PLUSIEURS SOCIÉTÉS SAVANTES.

PAR D. MONNIER,

DE LA SOCIÉTÉ ROYALE DES ANTIQUAIRES DE FRANCE, etc., etc.

DOLE,
DE L'IMPRIMERIE DE J.-B. JOLY.

1826.

« Je ne fais les observations suivantes sur la lettre que vous
« m'avez fait l'honneur de m'écrire de Paris, le 30 juin dernier,
« qu'afin de donner à l'héritier de mes manuscrits un nouveau
« moyen de défendre ma mémoire après ma mort. »

Extrait de la correspondance de l'abbé MERMET, *en* 1823.

NOTICE

SUR L'ABBÉ MERMET.

Louis-François-Emmanuel Mermet, né à Désertin, hameau de la commune des Bouchoux, le 25 janvier 1763, a terminé à Saint-Claude, le 27 août 1825, une carrière qui n'a pas été sans gloire pour lui, ni sans utilité pour les autres.

Il était prêtre, c'est déjà dire que la révolution le mit à de cruelles épreuves; il avait du talent, c'est annoncer qu'il ne fut pas heureux. Aussi, prenant les mots *semi vivax* pour sa devise, se comparait-il à un arbre en fleurs presque déraciné par la tempête, et retenu par un palmier; allusion ingénieuse, soit aux palmes littéraires qu'il cueillit dans les académies, soit aux palmes de l'université, à l'abri desquelles il avait trouvé une nouvelle existence, après avoir perdu sa première position. Quant à l'arbre presque arraché du sol, on voit qu'il n'a pas laissé que de donner d'excellents fruits ; et l'on conçoit aisément qu'il en eût donné davantage, si le vent qui se leva de nouveau sur lui, n'eût pas desséché ses fleurs et fait tomber nos espérances.

Nous ne répéterons pas, au sujet de l'abbé Mermet, ce que l'on dit de tous les auteurs, qu'il marqua par des succès rapides et brillants le cours de ses études : s'il n'avait pas, dès le jeune âge, montré une rare capacité, certes, il ne serait point parvenu à ce degré de distinction où par la suite il reçut une place ; car il est sans exemple dans les fastes biographiques, que, d'élève obscur, on soit devenu professeur fameux.

Cependant nous ne tairons point que ses progrès dans les colléges furent tels, qu'à l'âge de vingt-un ans il eut à choisir entre quatre chaires de philosophie, qui lui furent offertes à la fois : celles d'Avignon, de Lyon, d'Autun et de S.-Claude. Séduit par ce prestige d'illustration qui s'attache aux noms antiques, il pouvait peut-être sans pâlir (1) aller se faire entendre aux lieux où fut l'autel d'Auguste ; il pouvait peut-être, sans danger pour sa réputation naissante, aller s'asseoir où le rhéteur Eumène avait illustré les écoles d'*Augustodu-*

---

(1) *Palleat ut....*
   Aut Lugdunensem rhetor dicturus ad aram. Juvénal.

num (1) : mais dominé, comme le sont les belles ames, par l'attrait d'un pays où l'on a son berceau, la tombe de ses pères et le toît maternel; pressé d'ailleurs par les honorables instances de son évêque, M. Méallet de Fargues, il préféra monter dans une chaire établie et sanctifiée par Eugende (2), quoique beaucoup déchue de la splendeur de son origine. Il y professa, pendant plusieurs années, la philosophie, la rhétorique, et la théologie.

Reconnaissante des services de ce professeur, et s'écartant de ses coutumes, cette ville lui accorda, en 1786, des lettres de cité; tandis que, dérogeant de même à son usage, un vénérable prélat l'admettait souvent au nombre de ses convives, où les prêtres seuls étaient reçus, et lui permettait la lecture de certains livres qu'il interdisait aux ecclésiastiques de son diocèse.

Tout semblait devoir être exception pour un sujet aussi digne en effet d'être excepté de la classe commune. On lui conféra le caractère du sacerdoce à vingt-quatre ans, et on le pourvut d'une cure à vingt-cinq. C'était une faveur, car il était bien rare que l'on fût curé sans avoir passé par un

---

(1) Les écoles Mœniennes, établies à Autun, sous Tibère.

(2) Autrement saint Oyen, dont le nom fut donné à Condat, aujourd'hui Saint-Claude.

long vicariat. A cette époque ne se faisait pas sentir cette fâcheuse disette de ministres des autels, qui de nos jours a forcé d'envoyer à la tête de quelques paroisses de jeunes lévites, en qui la sagesse et le zèle ne rachètent pas toujours l'inexpérience et le défaut de sagacité. C'est une des sept plaies qui ont affligé le premier quart de notre siècle, mais à laquelle heureusement chaque jour apporte son baume.

Quel est le jeune homme qui n'a pas besoin d'un guide? M. Mermet en avait un animé des plus tendres sentiments de bienveillance, dans M. de Rohan-Chabod, second évêque de Saint-Claude: mais cette Grandeur, recommandable par tant de vertus, s'éloigna du siége épiscopal en 1789, et son absence devint fatale à tout le diocèse. Le jeune pasteur de Pressiat, qui, sous un ciel calme et serein, avait enseigné la doctrine et prêché le courage, resté sans appui, ne se trouva plus assez fort, lorsque le ciel fut obscurci, pour résister à un entraînement qui paraissait universel; de sorte qu'il a dû s'appliquer ce passage de l'Imitation de J.-C. : « *Benè etiam consulis, et alios nosti* « *roborare verbis; sed cùm ad januam tuam* « *venit repentina tribulatio, deficis consilio et* « *robore* (1). » Au reste, si un esprit de sa trempe

---
(1) Lib. III, cap. LVII.

a pu s'abuser quelque temps, il ne faut pas s'étonner si tant d'autres ont été les jouets de la même illusion. Dès le 23 janvier 1791, il s'engagea dans une fausse route, en prêtant le serment à la constitution civile du clergé, route qu'il suivit comme la plupart, avec le seul désir d'opérer le bien, et dont il n'aperçut enfin les piéges qu'à la lueur des éclairs. Il a payé bien cher ce premier écart de sa bonne foi : la chûte qu'il fit avant de rétrograder lui causa de telles souffrances, que la moitié de sa vie n'a été qu'une douleur prolongée.

En 1793, un détachement de l'armée révolutionnaire, sous la conduite de Ronsin, parcourait l'arrondissement de Bourg-en-Bresse, pillant les presbytères, les églises ; brisant les images sacrées, profanant les tabernacles ; attachant les prêtres à des arbres, tandis qu'ils enfonçaient leurs secrétaires pour y chercher de prétendues correspondances avec les émigrés. Le curé de Pressiat n'eut que le temps de soustraire sa personne à de pareils outrages ; ses lettres de prêtrise, ses diplômes de gradué, furent ravis par la horde sacrilége, et ne lui furent jamais rendus. A la fin, le fugitif tomba lui-même au pouvoir des suppôts de la terreur, et fut incarcéré à l'ancien couvent de Brou, converti en maison d'arrêt.

Pendant que j'étais détenu avec beaucoup

« d'autres prêtres (dit-il quelque part dans ses
« notes manuscrites), l'agent du district de
« Bourg, et celui de la municipalité, suivis de
« gens en armes, vinrent une nuit dans notre
« prison, et à la faveur d'une faible lumière qui
« permettait à peine de distinguer le papier, ils
« nous firent signer des têtes d'arrêtés qui ressem-
« blaient beaucoup à des états de présence que
« nous signions tous les soirs. Ces têtes d'arrêtés
« furent ensuite remplies d'une formule impie.
« Aussitôt que nous eûmes découvert la super-
« cherie, nous nous présentâmes par-devant la
« municipalité de Bourg, afin de protester contre
« cette surprise; mais notre protestation ne fut
« point admise dans les registres, parce que,
« dominé par le comité de salut public, le corps
« municipal de cette commune, ainsi que tous
« ceux de France, ne se dirigeait que par les
« ordres de la Convention. Alors les misérables
« qui le composaient firent imprimer et afficher
« des listes portant les signatures obtenues par ce
« moyen. C'est d'après des listes aussi fraudu-
« leuses et apocryphes, que tel et tel prêtre a
« passé pour apostat. Et n'a-t-on pas inscrit sur
« la liste des émigrés des personnes qui n'avaient
« jamais quitté la France, et même qui étaient
« mortes? »

L'infortune du jeune Mermet ne devait pas se borner à cette humiliation : sa captivité en préparait une nouvelle à son innocence. Un jour, le médecin Rollet-Marat (1), procureur-syndic du district de Bourg, vint trouver le prisonnier, et lui dit : « Tu n'ignores pas que j'ai la confiance « du représentant du peuple Albite. Il m'a chargé « de te prévenir que si tu ne te maries pas, tu ne « seras pas élargi ; que tu cours même le risque « de perdre la vie. » Au même instant, il lui montre un numéro de la gazette de Perlet, qui contient une motion pour guillotiner tous les prêtres qui ne se marieraient pas.

L'abbé résiste à cette vigoureuse attaque, et sans doute il y eût constamment résisté, s'il n'eût pas eu à combattre en même temps le désespoir de sa mère.

Cette mère était veuve : il était l'unique fruit de ses entrailles, l'unique appui de sa vieillesse. Orgueilleuse d'avoir donné le jour à un homme qui fixait l'attention publique par son savoir et par son malheur, elle ne pouvait vivre sans lui ; il fallait qu'il vécût pour elle : tendresse aveugle, qui n'avait rien de comparable à l'héroïsme de ces pre-

---

(1) Je regrette d'avoir à citer de pareils noms ; mais ils sont déjà rapportés en toutes lettres dans la *Courte Notice* que M. Mermet fit imprimer en 1816.

mières chrétiennes, dont la voix encourageait leurs enfants au martyre, et dont le cœur n'était rassuré sur leur sort que lorsqu'elles avaient vu leur dernier soupir monter vers le suprême rémunérateur. Et nous-mêmes, si quelqu'un des amis de cet infortuné venait nous dire, *Que vouliez-vous qu'il fît contre tous?* oserions-nous répondre, avec le vieil Horace : *Qu'il mourût?*

M. Venin, maire de Courmangoux (village de la paroisse de Pressiat), étant venu voir en prison son ancien pasteur, se trouvait par hasard présent à l'entrevue dont nous venons de parler ; il en a fourni une attestation : « De retour dans ma commune, ajoute-t-il, je fis part à madame Mermet du danger que courait son fils. Cette bonne mère, fondant en larmes, me pria de le sauver. Ma réponse fut qu'il n'y avait d'autre moyen de le tirer d'embarras qu'un prompt mariage. A cet effet, je me chargeai d'en faire la proposition à Melle Vuillemenot (1), fille d'un notaire de ma commune. J'assurai cette personne que sa vertu ne devait pas s'en alarmer; que ce lien serait ignoré de tout le monde, qu'il n'aurait aucune suite. Ces premières ouvertures ne furent pas accueillies d'a-

---

(1) Nous voudrions bien aussi, par un autre motif, que ce nom n'eût pas encore reçu de publicité, nous ne l'aurions marqué ici que par l'initiale.

bord; elles ne le furent qu'après quinze jours des plus vives sollicitations de la part de madame Mermet, et sous la condition expresse que le mariage ne serait ni publié ni affiché, qu'il ne serait révélé à personne, et qu'il ne serait jamais consommé. Je fus chargé de porter la nouvelle de cette décision à M. Mermet, qui la rejeta d'abord, dans la crainte qu'un tel acte, tout mystérieux qu'il serait, ne fût à la fin divulgué, et qu'il n'en résultât un grand scandale. » On lui représenta également qu'à la faveur d'une loi récente on pourrait, dans six mois, dissoudre cette fausse union. Enfin, les larmes d'une mère, jointes aux instances d'un ami, ayant ébranlé M. Mermet, il consentit à souscrire à ce simulacre de mariage.

Sous l'escorte de deux gendarmes, et sous la caution du sieur Richard, habitant de Bourg, qui avait répondu de lui, il arrive, le 29 ventôse an II, au village de Chevignat, séjour de Melle Vuillemenot; il appose la fatale signature à l'acte civil, n'ayant pour témoins que des amis et des parents mis dans la confidence. Les deux gendarmes le remènent à Bourg. L'extrait de l'acte est produit: c'en est assez; contente d'avoir causé une souillure de plus, la révolution s'en tient là pour lui: M. Mermet est rendu à la liberté. Mais non! disons simplement qu'il sort de prison; car sous notre règne de la liberté, quel honnête citoyen a pu se croire libre? Il part donc, il fuit, il va se cacher avec le trait empoisonné dont il est atteint.

Le souvenir de cette épreuve est partout retracé dans ses notes secrètes. Voyez surtout avec quelle énergie s'exprime sa douleur dans l'allégorie suivante : « Je suis poursuivi par des brigands, « je me sauve, et pour me dérober à leurs coups, « je me précipite dans la première maison dont « je vois la porte ouverte. Cet asile est suspect; « aussi, dès que les brigands se sont retirés, j'en « sors. Je demande quel mal j'ai fait? Quelqu'un « pourrait-il me dire : Vous ne deviez pas entrer « là? J'en conviens, oui, cette maison était suspecte ; mais il n'y avait que celle-là qui fût ouverte à mon salut. »

Avant de gagner le désert du Jura, M. Mermet et sa mère retournèrent à Chevignat, exprimer leur reconnaissance à leurs bienfaiteurs, et ne séjournèrent que cinq semaines dans un village voisin. Pendant ce temps-là, Mlle Vuillemenot ne sortit pas du toît paternel, et nul ne se douta de ce qui s'était passé. M. Mermet était de retour au pays natal depuis plus de six mois, lorsque le divorce fut sollicité et prononcé, comme on en était convenu d'avance, en vertu de l'article 1er du décret du 4 floréal an II, contenant des dispositions additionnelles à la loi du 20 septembre 1792, et sous prétexte que, depuis six mois, le mari n'avait point reparu au domicile commun. Cet acte, du 29 frimaire an III, fut tenu aussi secret que le précédent.

Le 1er mai 1796, M. Mermet donna sa rétractation, qui fut lue avec un discours dont l'effet fut très-remarquable, dans l'assemblée des fidèles; à Bourg, par un préposé de l'archevêque de Lyon; et à S.-Claude, par M. Febvre, préposé de M. de Chabod, qui le releva des censures, et le réhabilita dans ses fonctions sacerdotales. A cette époque cependant la terreur tenait fermée l'église du Seigneur, et le philosophisme en délire tenait ouvert le temple sans ministres de dieux et de déesses nouvellement improvisés.

Que faisait alors l'affligé solitaire de Désertin? Les lettres occupaient ses loisirs. Tantôt il déplorait sur le ton de l'ode, la fin tragique des génies qu'avait moissonnés la faulx du vandalisme; tantôt il envoyait aux *Annales de la Religion* le tableau de la persécution des prêtres dans les départements de l'Ain et du Mont-Blanc; tantôt il cherchait les moyens de ranimer l'agriculture et les arts industriels dans sa patrie : car son cœur ressentait toujours le besoin de s'épancher, et son esprit celui d'être utile.

Tel est l'exposé fidèle de la conduite de Louis-François-Emmanuel MERMET, au temps le plus désastreux de la révolution. Cet exposé résulte de plusieurs certificats authentiques, délivrés par M. de Rohan-Chabod, évêque de S.-Claude et de Mende; par MM. les curés actuels de S.-Claude, des Bouchoux et des Rousses, et par M. le maire de Courmangoux. Voilà pourtant les faits qu'a dénaturés la calomnie, pour leur prêter des formes monstrueuses; voilà les faits dont elle a fabriqué une espèce de colosse, enflé de son souffle corrompu, et pour ainsi dire injecté de son fiel, afin de l'opposer à la prospérité d'un aussi bon Français! On se console de la haine des méchants, dira-t-on, parce qu'elle est honorable; mais on ne se console pas de voir les honnêtes gens dupes de la perfidie, ou insouciants à la détruire. Combien y a-t-il de personnes pures qui semblent oublier le précepte de la charité envers l'infortune soupçonnée, tandis que souvent elles accordent des ménagements au déshonneur le moins équivoque! *Dat veniam corvis, vexat censura columbas.*

Nous allons retrouver M. l'abbé MERMET dans la carrière de l'enseignement, où il rentra, de l'avis de son évêque légitime. Il y reparut en qualité de professeur de belles-lettres à l'école centrale de l'Ain, depuis le 31 août 1796 jusqu'au 10 janvier 1803. Il passa ensuite, avec la même qualité, au lycée de Moulins, où, le 6 février 1805, il fut nommé censeur des études; fonctions qu'il abandonna le 15 octobre 1809, persuadé, d'après le plan vicieux d'instruction publique alors suivi, qu'il était impossible à la jeunesse de faire de solides études, et de recevoir une bonne éducation. Il revint donc dans le Jura, professeur émérite, et pensionné.

Dès la fin de l'année 1807, son ancien ami et condisciple, M. de Belmont, évêque de Saint-Flour, lui avait offert des lettres de chanoine et de grand-vicaire; mais au moment où notre censeur des études se disposait à partir, il apprit la mort prématurée de ce prélat. Le 18 juillet 1814, sur la présentation de M. de Rohan-Chabod, évêque de Saint-Claude et de Mende, celui de Versailles nomma l'abbé MERMET chanoine honoraire de cette ville; et le 22 août même année, M. l'archevêque de Besançon, désirant le retenir dans la province, lui présenta le titre de grand-vicaire, à condition qu'il voulût bien se charger d'une cure. Le candidat préféra Versailles. A peine y est-il arrivé, que le bruit se répand d'une nouvelle organisation des évêchés de France, et que le prélat de cette ville donne sa démission.

De nouveaux ennuis déterminent le chanoine honoraire à s'éloigner. Après une pose de quelques mois à Paris, il voit l'horizon se charger de nuages : il regagne pour la dernière fois les hauteurs du Jura ; et c'est là qu'il attendait, au milieu des consolations qui viennent de Dieu, la justice qui vient des hommes, lorsque la mort est venue lui marquer la place du repos.

Il a vécu à Saint-Claude dix années, depuis son retour, dans cette indépendance qui a tant de charmes pour le littérateur ; et toutefois, aussi occupé du devoir de faire régner la morale dans sa conduite, que du soin d'en retracer les maximes dans ses écrits.

Il n'a omis dans son testament des 29 juin et 12 août 1825, ni ce qu'il devait à l'humanité, ni ce qu'il devait à la reconnaissance. Un de ses domaines a été donné à l'hôpital de Saint-Claude ; un autre a été légué à ses parents ; le troisième a été la récompense des soins domestiques qu'il avait reçus. Le testateur a fait un legs à la paroisse où il avait été baptisé : il a laissé d'honorables souvenirs de son attachement à quelques-uns de ses anciens confrères, et à ses plus fidèles amis.

L'abbé Mermet avait un air affable, des manières polies, une élocution facile, un esprit

droit, u ne ame pleine de candeur. Peut-être, car il faut tout dire, peut-être n'était-il pas assez soigneux de comprimer le sentiment de sa supériorité acquise sur le commun des hommes ; mais qui sait les mouvements intérieurs qui forçaient les flots de son amour-propre à s'épancher ainsi? En donnant l'essor à l'indignation qu'il éprouvait des injustices commises envers son prochain, il laissait deviner l'indignation qu'il ressentait des injustices commises envers lui-même. Il ne comptait qu'un ennemi à S.-Claude, et deux à Paris; et pourtant il ne les a jamais nommés ! La plus grande saillie d'impatience qui lui soit échappée sur son propre compte est dans ses manuscrits.
« Si jamais, dit-il, je puis obtenir un moment
« favorable pour me faire entendre en chaire, je
« prendrai le texte suivant : *Posui ori meo cus-*
« *todiam,* etc. (1) J'ai mis une garde à ma bou-
« che, lorsque le méchant s'élevait contre moi ;
« je suis resté muet et humilié, et j'ai retenu
« dans le silence ce qui était bon à dire, et
« ma douleur s'est renouvelée. Mon cœur s'est
« échauffé au dedans de moi ; le feu s'est allumé
« dans mes méditations ; ma langue s'est déliée,
« et j'ai parlé. »

---

(1) Psalm. xxxviii.

Que pensez-vous qui vienne à la suite de ce début? Rien : plusieurs pages laissées en blanc : en tête est le mot *Religion*. Après un pareil trait, il faut se taire ; l'éloge de la modération est tout entier là dedans.

Passons aux titres littéraires de M. Mermet.

Il n'avait encore atteint que sa vingt-sixième année, lorsque la Société d'émulation de Bourg-en-Bresse lui ouvrit ses portes, en 1789. Il fut agrégé au Lycée des sciences et arts de Grenoble, en 1801 ; à la Société des sciences et arts de Montauban, la même année ; à l'Académie de législation, en 1804 ; à l'Athénée de la langue française, en 1807 ; à l'Académie de Dijon, en 1812 ; à la Société d'émulation du Jura, en 1818 ; et à l'Académie de Besançon, en 1819.

Outre les rapports qu'il devait nécessairement avoir avec les chefs de ces différentes associations, il en avait entretenus avec MM. Fourcroy, de Lalande, de Lacépède, de Pastoret, François de Neuchâteau, Varenne de Fenille, madame de Staël, MM. Picot, de Genève, Delandine et Weiss.

Il nous reste à indiquer les productions qui sont sorties de la plume de cet écrivain, productions dans lesquelles, malgré l'influence des temps, il sut toujours trouver le moyen de rendre hommage à la religion et aux principes de la saine politique. Cette indication sera sommaire : il ne nous appartient pas de porter un jugement sur des œuvres jugées déjà dans l'opinion.

1° *Discours sur les moyens de prévenir les délits dans la société*, composé en 1797, imprimé en 1798.

2° *L'émulation est-elle un bon moyen d'éducation?* composé en 1799, imprimé en 1802.

3° *Le génie est-il au-dessus de toutes règles?* 1801.

4° *Essai sur les moyens d'améliorer l'enseignement de plusieurs parties de l'instruction.* 1802.

5° *Leçons de belles-lettres pour servir de supplément aux Principes de littérature de l'abbé Batteux.* 1803. C'est surtout ce livre qui a fait la réputation de son auteur : il est devenu classique, et on le donne en prix dans les écoles.

6° *Pourquoi la littérature des nations modernes a-t-elle eu pendant si long-temps si peu d'influence sur l'esprit national?* 1804.

7° *Éloge du grand-maître de l'ordre de Malte, de la Valette*, couronné par l'académie de Montauban; imprimé en 1804.

8° *Combien il importe, pour le bonheur et la prospérité des nations, de faire concourir la morale avec les lois;* mémoire qui fut aussi couronné par la même académie, et imprimé en 1805.

9° *L'art du raisonnement présenté sous une nouvelle forme.* On y trouve une réfutation de plusieurs propositions d'Helvétius. La logique de notre auteur fut critiquée en conséquence dans le n° 229, 27 fructidor an XIII, du Mercure de France.

10° *Nouvelles observations sur Boileau*, 1809. Le censeur était aux regrets de s'être montré si pointilleux dans l'examen du poëte. L'exemplaire qu'il avait conservé de cet ouvrage est chargé de suppressions, de ratures et d'amendements. Il était permis pourtant à un professeur de belles-lettres comme lui, de signaler aux jeunes gens quelques taches d'un livre immortel. Ce serait une inconvenance de la part de toute autre personne.

11° *Sur le mécanisme de la versification de Boileau.* C'est un appendice nécessaire aux *Observations.*

12° *Combien la critique amère est nuisible aux progrès des talents.* 1809.

13º *Éloge de Jules-César Scaliger.* Même année. Il fut jugé digne du prix, mais la couronne resta suspendue, à cause d'une certaine allusion au caractère des Corses.

14º *Éloge de Louis XVI, roi de France et de Navarre.* 1815. L'auteur en avait préparé une nouvelle édition, considérablement augmentée.

15º *Éloge historique de M. Varenne de Fenille, l'un des agronomes les plus célèbres du 18ᵉ siècle.* 1816.

Parmi les manuscrits de l'abbé MERMET, qu'il destinait à l'impression, nous citerons principalement un *Examen critique des OEuvres de madame la baronne de Staël-Holstein*, un *Éloge du cardinal de Grandvelle*, et des *Sermons*. Ces sermons roulent sur l'excellence du christianisme, sur l'esprit de Jésus-Christ, comparé à celui des pharisiens; sur la nécessité de confesser sa foi; sur les devoirs de l'honnête homme; sur l'obligation où sont les prêtres d'honorer leur ministère; sur les sentiments qui doivent porter l'homme riche à faire au bien public le sacrifice d'une partie de ses jouissances; sur ceux qui doivent animer les chrétiens, après les persécutions; sur la dévotion à la sainte Vierge; sur la Fête-Dieu; sur le jour de Noël; sur la confession; sur la communion ; sur le péché mortel ; sur la mort ; et sur l'enfer.

Il y a parmi ses autres manuscrits des sujets non moins intéressants, tels que *le Catéchisme de la révolution; des Recherches sur les arts et l'industrie dans le Jura; une Dissertation où l'on prouve qu'en lisant l'hébreu à rebours, on y trouve un grand nombre de mots latins, et presque tous les mots des langues vivantes; des notices biographiques sur quelques Jurassiens célèbres;* des éphémérides et des mélanges.

EPITAPHIUM.

AD MEM.

L. F. E. MERMET, PRESBYTERI,

RHETORIS QVONDAM AC ORAT.

HAVD INGLORII.

AMICI MOERENTES

DVMOVLIN,

CRESTIN,

MONNIER,

HOC MONVMENTVM POSV.

ET SVB CRVCE

DEDIC.

EXTINGVITVR VITA.

ELOQVENTIA VIGET.

OB. XXVII. D. AVG. AN. M.D.CCC.XXV.

www.ingramcontent.com/pod-product-compliance
Lightning Source LLC
Chambersburg PA
CBHW060900050426
42453CB00011B/2044